LE PEUPLE

ET

LA BOURGEOISIE.

PAR

APIAU AINÉ.

PRIX : 50 centimes.

BORDEAUX.

CHEZ

LAWALLE NEVEU,   CHAUMAS-GAYETTE,

LIBRAIRE.   LIBRAIRE,

allées de Tourny, 57,   fosés du Chapeau-Rouge.

1848.

Bordeaux, Typographie de SUWERINCK, Bazar Bordelais.

AU CITOYEN LAMARTINE.

Citoyen,

C'est à vous que je dédie ce petit ouvrage, à vous, homme de cœur et de talent, qui avez si bien compris et défendu la cause de la justice et de l'humanité.

Gloire à vous, d'une révolution qui relève une classe infime et lui donne, à défaut de richesses, des droits dont on n'aurait jamais dû la dépouiller! Grâce à votre courage et à votre patriotisme, la France a repris son rang en Europe et s'élève sublime au milieu de tous

les Peuples qu'elle entraîne dans sa course humanitaire !

Il n'appartenait qu'à votre génie de tenter et d'accomplir une œuvre qui vous immortalise et vous mérite la reconnaissance et l'amour de tous les opprimés
sur la terre, dont la bénédiction vous est assurée et
pour le présent et jusque dans la postérité la plus
reculée.

Salut et Fraternité.

APIAU AINÉ,

Victime de la catastrophe du chemin de.fer
de Versailles , le 8 mai 1842.

Bordeaux le 8 mai 1848.

LE PEUPLE

ET

LA BOURGEOISIE.

Depuis la révolution du 24 février, j'entends parler du Peuple et de la Bourgeoisie. Je ne connais, moi, qu'un seul Peuple en France, composée de 35 millions d'habitants, dont 9 millions sont électeurs aujourd'hui, comme ils auraient dû l'être toujours.

Il est certain que l'inégalité des conditions, triste résultat de l'état de société, apporte des différences notables dans la situation respective des individus; mais elles ne doivent jamais donner lieu à des catégories injurieuses qui n'existent pas dans l'œuvre du créateur.

Je ne veux pas dire, que l'ouvrier sans fortune ne soit tenu d'aucun égard envers ceux qui ont acquis la leur par leur génie et leur probité; c'est un devoir de convenance que les hommes du monde observent entr'eux, et auquel ne saurait manquer la classe laborieuse.

Mais cette déférence ne doit exister qu'à titre de réciprocité, car le riche, à son tour, doit à la classe ouvrière les égards et la fraternité que prescrivent, du reste, la morale et la religion.

L'inégalité parmi les hommes a existé et existera toujours ; c'est un vice de nature.

L'égalité des conditions n'a existé et n'existera jamais : c'est un vice de l'état de société.

Et cela se comprend : l'homme ne pouvant parvenir que par la capacité, qui n'est pas la même chez tous, les uns doivent inévitablement dépasser les autres. La classe ouvrière, elle-même, en fait l'expérience chaque jour.

Quant à l'égalité des droits, c'est autre chose. Comme dans l'état de société, tous les hommes, sans distinction, la servent et la défendent, ils ne peuvent être inégaux sous le rapport politique. Si cela n'a pas eu lieu toujours, c'est une injustice qu'il était temps de réparer. La première révolution ne l'a fait qu'à demi, en donnant toute la part à la Bourgeoisie, tandis qu'elle laissa de côté la classe ouvrière.

Et cependant, elles étaient sœurs, avaient pour mère la même patrie. Au temps de la féodalité elles étaient même confondues ; ce fut sous le règne de Louis-le-Gros et de Sᵗ Louis qu'elles furent séparées. L'une devint grande dame, et l'autre !.....

Et mon Dieu ! la noblesse, elle-même, d'où venait-elle pour être si fière ? n'était-elle pas de la même famille ? ne sait-on pas qu'elle n'existe que depuis la conquête ? Les titres de duc, de comte et de baron, qu'étaient-ils ? Des charges d'abord, qui devinrent plus tard des dignités héréditaires. Ces charges n'étaient que des récompenses militaires, sous Clovis. Est-ce que le Peuple n'en a pas autant mérité et plus peut-être par son courage ? Et si la noblesse nous a donné une foule d'hommes remarquables dans tous les temps et dans tous les genres, elle a eu aussi ses traîtres, ses lâches et jusqu'à ses assassins!

Si je voulais faire de l'histoire, je ferais connaître des détails bien dégoûtants, et qui prouveraient de reste que l'élévation de l'homme fut bien souvent en rapport inverse avec l'élévation de l'âme; mais cela m'entraînerait trop loin.

Toujours est-il que vint un temps où cette noblesse militaire, à l'époque de l'invasion, réduite par les dépenses et les croisades, à la nécessité de vendre ses domaines et d'aller à la cour mendier des places et des faveurs, laissa respirer le peuple plus à l'aise; mais il ne cessa pas d'être opprimé, car toutes les préférences étaient pour elle; et, ce qui est affreux à dire, ses filles servaient à ses plaisirs et ses trésors à ceux des princes. On se rappelle ce parc au Cerf sous Louis XV.

Vraiment les abus étaient intolérables; aussi quand on parcourt l'histoire est-on saisi d'horreur en lisant la plupart des règnes, et bien souvent étonné de la patience de certains peuples à supporter tant de turpitudes. Ainsi on a vu des rois ordonner des assassinats dans un but d'ambition ou de vengeance; d'autres, dilapider l'État pour payer des maîtresses ou des favoris. Les lois de la morale ont été violées par ceux-là mêmes qui devaient en donner l'exemple, et la monarchie, entraînée insensiblement par de coupables égarements, a fini par se faire déconsidérer et même par s'avilir.

Aujourd'hui, la question des rois est jugée à tout jamais. On comprend que, sujets à des faiblesses humaines, ils sont souvent entraînés par des intérêts dynastiques, quelquefois opposés à ceux du peuple, sans compter la cupidité de leurs courtisans , qui constamment les conduisent à leur ruine. Nous en avons fait pendant plusieurs siècles la triste expérience ; nous avons essayé, sans profit aucun, de toutes les monarchies ; je ne crois pas qu'on ait envie d'y revenir.

La révolution qui s'est opérée, il y a deux mois, était donc amenée de longue main par la faute des rois. Celle de 89 avait remué le sol ; celle de 1848 doit le fertiliser.

Mais on n'improvise pas en un jour un gouvernement qui attaque tant de vieux préjugés, sans heurter quelques sympathies, sans rencontrer quelques obstacles. Les excès de 93 avaient laissé dans l'esprit de beaucoup de gens, qui avaient été contemporains de cette épouvantable époque, ou qui avaient perdu quelqu'un des leurs sur l'échafaud, des préventions qu'on ne peut détruire en un jour. Il faut donc être juste, et attendre que les actes de notre jeune République la réconcilient avec ceux que les excès et les vices de sa mère ont épouvantés. Cette confiance viendra plus tard, je l'espère, si elle se fait aimer. Le bonheur du pays doit l'emporter dans tous les cœurs, sur tout autre sentiment ; on ne regrettera rien si on est heureux. Tout le monde veut la tranquillité ; au-delà de l'ordre de choses actuel, il n'y aurait plus aujourd'hui que l'anarchie. Il y a donc tout lieu de croire qu'il n'y aura plus bientôt en France qu'une seule et même opinion.

Avant tout, il faut que chacun apporte sa part de bonne volonté dans une œuvre difficile, mais dont le succès est certain si on est uni. On doit offrir son concours au seul gouvernement possible aujourd'hui ; c'est l'unique moyen de triompher des factions qui pourraient parfois élever leurs têtes hideuses. Il faut maintenant l'ordre et le repos *à tout prix*. Toute réaction serait un crime, parce qu'elle nous conduirait à la guerre civile et au pillage. L'Assemblée Nationale doit bien se pénétrer de cette vérité; elle est du reste liée par son mandat, et ne pourrait s'en écarter sans manquer à tous ses devoirs et sans assumer sur elle la plus grande de toutes les responsabilités. Il faut que la révolution s'achève sans arrière-pensée; l'arrêter dans sa marche serait tout mettre en péril. Le Peuple attend des réformes que réclame depuis longtemps son état. Il s'en allait temps que l'on songeât au soulagement de la classe ouvrière. Les révolutions se sont faites jusqu'à présent par elle et contre elle. Réduite à la condition de serf sous le régime féodal, elle n'a cessé d'être esclave que lorsque les rois ont jugé utile à leurs intérèts de se défaire des grands seigneurs. L'histoire ne nous parle que de son oppression continuelle. Que n'a-t-elle pas souffert de cette noblesse insolente, qui l'écrasait sous le poids de ses priviléges et de ses abus?...

Aussi la révolution de 89 dut-elle éclater; malheureusement elle se dégrada en 93 par ses excès, et notamment en laisant périr sur l'échafaud l'infortuné Louis XVI, qui paya de sa vie les fautes de ses prédécesseurs et les mauvais conseils de son entourage. Mais cette leçon terrible n'a jamais profité aux rois, toujours incorrigibles.

Quant au Peuple, il n'y gagna rien. La Bourgeoisie remplaça la noblesse, sans avoir comme elle des titres et des aïeux. Il n'y eut qu'un vain simulacre de liberté. On proclama solennellement les droits de l'Homme, mais ces droits furent compromis, et même anihilés par les

saturnales de la Terreur. Un seul besoin se fit alors una-
nimement sentir, besoin qui dominait tous les autres :
celui du salut public.

En ce moment paraît un homme de génie. Il arrache
la France à l'anarchie, et la relève dans la boue et dans
le sang. Que de malheurs devaient succéder à ce bienfait !
que de revers étaient réservés à cette nation, qui préféra
la gloire à la liberté !... Le sacrifice en fut d'abord peu
senti par un peuple fier de promener son drapeau victo-
rieux dans toutes les capitales de l'Europe. Mais il lui
fallut ensuite expier ses triomphes, et, chose étrange,
c'est que la perte de cette même liberté frappa plus tard
le trône du plus puissant monarque.

Le peuple pouvait la confondre avec l'égalité, lorsqu'il voyait prendre dans ses rangs les maréchaux de
l'Empire et les plus grands hommes de l'État. Il ne vit
pas qu'on avait doré ses chaînes ; il en fut seulement
ébloui.

Mais, lorsqu'en **1814**, ce même Peuple fut forcé de
descendre de ce piédestal gigantesque où l'avait placé le
plus grand homme des siècles modernes, pour assister à
tous les genres d'humiliations ; quand il vit ses provinces
envahies, et les soldats qu'il avait tant de fois vaincus,
camper insolemment sur ses places publiques ; lorsque des
monarques étrangers, lâchement ligués contre un seul, et
tremblants dans la capitale, au sein même de leurs ar-
mées, osèrent piller ses musées, effacer les noms de ses
ponts, tenter d'abattre la colonne Vendôme, monument
de ses exploits, briser ses idoles, et reléguer sur un ro-
cher aride, au milieu de l'Océan, le héros qui les écrasait
sous le poids de son génie, il demanda alors la liberté qu'il

avait perdue dans l'enivrement de la gloire ; mais un autre en expiait la perte, et mourait, après d'horribles tortures, loin du soleil de sa patrie, banni de la France qu'il avait illustrée, loin des caresses et des derniers adieux d'un fils adoré, écrivant ses dernières pensées, et, par une perspicacité surhumaine, prophétisant la révolution d'aujourd'hni.

Alors un prince, arrivé au trône au milieu des baïonnettes étrangères, et effaçant par la date de son règne plus de vingt ans de gloire, en même temps qu'il changeait ce même drapeau national, cher à tous les Français, lui octroya une charte sous les inspirations et les volontés de l'Europe coalisée, non contre un seul homme, ainsi qu'elle le prétendait, mais contre la grandeur de la France impériale.

Louis XVIII fut, sans doute, un homme d'esprit, mais il ne fut pas un homme de cœur. S'il eût compris son siècle, si, comme on l'a dit, il n'avait rien oublié ni rien appris, il n'aurait pas, tout d'abord, froissé le sentiment national et se serait fait pardonner une élévation qui n'avait eu lieu qu'à travers le sang et le carnage de son nouveau Peuple. Devenu roi, au prix des plus lourds sacrifices et d'honneur et d'argent, au prix de ces honteux traités de 1815 que l'Europe déchire aujourd'hui avec indignation, il aurait dû donner au Peuple cette liberté qu'il avait si chèrement achetée. Loin de là il bâillonna la presse et ne fit que comprimer une révolution qui devait éclater sous son successeur. Il y a eu toujours un mauvais génie qui a présidé aux conseils des rois ; ils n'ont jamais accordé, au mépris de leurs plus solennelles promesses, qu'une liberté restreinte ou simulée, tronquant ou lacérant les institutions qu'ils avaient jurées. L'éloquent Manuel ne fut-il pas violemment arraché de l'assemblée, sans respect pour l'inviolabilité du député, sous et par un président que je ne veux pas nommer?

Charles X, homme de bien, mais prince trop faible, et du reste incapable, hérita de tous les embarras du règne précédent et en accrut les fautes. Entouré de courtisans surannés, imbu de vieux préjugés, il ne vit pas l'abîme caché sous ses pas, et ses fatales ordonnances ouvrirent le cratère du volcan dont les laves enflammées allaient dévorer son trône, comme dix-sept années plus tard ceux d'autres rois parjures et absolus.

Ainsi deux royautés s'étaient perdues pour avoir méconnu les droits du Peuple, et voyez à quel aveuglement sont exposés les princes! un troisième, qui aurait dû puiser une leçon sévère dans le sort réservé à ses cousins, mit le comble à tout, *en avilissant* la royauté et en la rendant à jamais impossible.

Et ce roi était cependant le fils de ce même prince qui avait assisté au serment du Jeu de Paume et proclamé les droits de la nation. Triste enseignement pour les Peuples qui se fient à la parole des rois.

Mais celui-là n'avait pas l'excuse des deux autres qui s'étaient fatalement placés sous la main de l'Europe et se trouvaient accablés par les exigences de l'ancienne cour. Ceux-ci ne tenaient pas leur pouvoir de la nation, et autant, du moins, qu'il a dépendu d'eux, dans la fausse position où ils se trouvaient, ils ont protégé l'honneur national au dehors et ne l'ont pas corrompu au dedans.

Louis-Philippe avait été élevé par le Peuple sur les

barricades; il ne devait pas tomber sous les barricades.
En reniant son origine, ou à cause de son origine, il s'est
perdu. Il a tout fait pour reformer une sainte alliance
de rois, et il a vu qu'elle est bien au-dessous de la sainte
alliance des Peuples.

Charles X, a-t-il dit, est tombé parce qu'il a violé la
charte, et lui, au contraire, pour avoir voulu la main-
tenir. Dans quelle loi avait-il donc trouvé l'interdiction
des banquets réformistes? Il y a long-temps que les hommes clairvoyants avaient prévu qu'il serait victime de
sa prétendue légalité, au moyen d'une chambre corrom-
pue. On n'en impose pas longtemps à une nation telle
que la France, par les moyens de fraude dont un grand
Peuple n'est pas dupe impunément.

Ce qu'il y a de fâcheux, c'est que ce roi parjure a
fractionné, par sa fourbe, cette belle opposition libé-
rale qui avait si énergiquement lutté sous la restauration,
de sorte que les amis politiques que nous comptions
parmi nous avant qu'il ne régnât, se sont depuis lors
éloignés; mais ils nous reviendront bientôt. Espérons
qu'ils accepteront cette main que nous leur offrons si cor-
dialement, et que nous marcherons ensemble comme autrefois, ralliés par cette sublime devise : *Liberté, Égalité,
Fraternité.*

Point de reproches. Quel homme n'est sujet à l'erreur?
Lafayette, lui-même, sur qui pèse ce mot fatal, *la
meilleure des Républiques,* avait cru, lui aussi, à la sin-
cérité de Louis-Philippe. Sans doute, qu'avant de mourir, il aura, au fond de son cœur, comme Lafitte en
face de la France et de l'Europe, demandé pardon à Dieu
et aux hommes de la faute qu'il avait commise.

Qu'a gagné la partie du Peuple, dite des travailleurs, dans toutes ces révolutions? Sa position a-t-elle changé? Ses sacrifices sont constants; voilà tout. Son sang versé, ses familles décimées, et dans les crises, la misère et l'obligation pénible de demander et de recevoir l'aumône : tel a été son partage.

Il est vrai qu'en 1830, sa gloire a été tout d'abord exaltée. Que de fêtes magnifiques ont été ordonnées en son honneur ! que de pompeuses funérailles ont été faites aux victimes ! que de décorations ont été données aux héros de Juillet ! que de pensions ont été accordées aux veuves et aux orphelins ! Mais bientôt après, ces fêtes ont été en quelque sorte ridiculisées; ces décorations sont devenues des titres d'exclusion et quelquefois de persécution ; ces pensions ont été mal servies ou refusées, et quant à ces chants patriotiques qui avaient conduit le Peuple à la victoire sur les barricades, et que le roi avait lui-même répétés, ils furent plus tard considérés comme cris séditieux, et ces mêmes patriotes, que l'injustice avait exaspérés, furent mitraillés sous ses yeux et par ses ordres.

Quant à la partie dite la Bourgeoisie, quelle a été sa part? Elle a remplacé, sauf des exceptions, la noblesse dans ses abus, je pourrais dire dans ses manières hautaines. Elle a été appelée à la curée des croix *d'honneur* comme à celle des places. Toutes les faveurs, toutes les distinctions n'étaient que pour elle, tandis que le Peuple des travailleurs, tandis que les héros de Juillet étaient mis à l'index et repoussés comme indignes. Vainement des voix éloquentes se sont parfois fait entendre, et surtout celle de Lamartine, pour la cause de la justice de et l'humanité, mais elles ont été étouffées. Seulement quelques crèches, quelques salles d'asile : peu de chose ou pour mieux dire rien, quand il y avait tant à faire.

Je ne prétends pas dire que tous les conservateurs d'alors fussent corrompus, mais ils pouvaient être *aveuglés* ; je n'ajouterai pas *ennemis*, parce que je leur crois des sentiments trop élevés pour cela. J'en connais beaucoup que j'estime et qui sont même mes amis. Je crois qu'il y a eu entraînement ou erreur. Peut-être, après avoir soutenu ce gouvernement, ont-ils craint d'en avoir un pire. Peut-être ont-ils regardé comme une lâcheté de l'abandonner après en avoir reçu des marques de bienveillance. Je ne peux connaître au reste le fond de leur pensée : c'est à eux de se juger ; mais je n'admettrai jamais qu'ils aient livré sciemment, pour un intérêt personnel, la dignité et l'honneur de la France ; qu'ils aient voulu, pour en profiter, une paix *à tout prix* qui l'avait avilie aux yeux de l'étranger.

Mais, honte à ces députés, citoyens ou fonctionnaires, qui, pour obtenir des places ou des faveurs du pouvoir, lui ont vendu leur conscience et l'ont conduit à sa perte ! Sur eux seuls repose toute la responsabilité d'une situation qui pouvait tout compromettre. Leur lâche conduite ne saurait trop être mise au grand jour, pour faire rougir d'avance ceux qui seraient tentés de les imiter. Il faut que le mépris public en fasse justice, et qu'ils perdent le prix de leur infâme trahison envers le pays.

Je n'accuse, je ne dois accuser que le système odieux qui était à l'ordre du jour. Louis-Philippe, qui avait fait ses calculs en arrivant au trône, jusqu'à faire passer sa fortune sur la tête de ses enfants, et qui voulait encore les enrichir par des dotations, si la chambre d'alors eût

eu la bassesse d'y consentir, Louis-Philippe, dis-je, avait
compté sur la corruption pour assurer le succès de ses
honteux projets, et il n'avait pas craint de faire à la
Bourgeoisie la mortelle injure de la croire plus propre
que le Peuple à les servir. Aussi s'opposa-t-il de toutes
ses forces aux réformes électorales ; il ne voulait à la
chambre que la classe élevée pour composer sa majorité,
afin d'arriver à cette légalité fatale qui ne pouvait en im-
poser à personne, pas même à lui.

Honneur à la classe ouvrière de cette honorable exclusion !

Mais l'impartiale histoire, mais la postérité dans ses
jugements sévères, voudront-elles, comme moi, n'attribuer qu'à Louis-Philippe les fautes qui ont déshonoré
ce règne, et qui ont mis la France à deux doigts de sa
perte, entre la banqueroute et l'anarchie?....

Toujours est-il que le peuple des travailleurs est resté
pur au milieu de ces débordements de tous genres ; qu'il
s'est montré digne de la liberté par la manière dont il a
entendu et défendu l'honneur de son pays; qu'il a mérité
les bienfaits de la révolution actuelle, parce qu'il l'a con-
sommée par son courage et ses sacrifices, et qu'après avoir
conquis des droits dont on l'avait injustement dépouillé
depuis des siècles, il les a exercés sans représailles, sans
vengeance, mais avec ce calme qui n'appartient qu'à la
force. Il a donné à la Bourgeoisie la place qu'il aurait
pu s'attribuer, lui laissant même le choix de ses suffra-
ges, quand il ne tenait qu'à lui de se nommer représentant
à l'Assemblée Nationale, et de gouverner l'Etat en rem-
plaçant aux affaires cette même Bourgeoisie qui, depuis
89, n'avait pas su les diriger dans l'intérêt et la gloire
de la France.

Ferez-vous maintenant des catégories? Mais faites-en aussi pour les faits et pour la conduite, et nous en accorderons l'honneur à qui de droit.

Voilà ce que j'avais à dire du peuple et de la Bourgeoisie.

Maintenant ce qui m'étonne et m'afflige, c'est le peu de dévouement que les conservateurs ont témoigné à Louis-Philippe tombé. J'honore, moi, le culte sacré du malheur; je respecte les généreuses sympathies. Charles X. du moins avait été accompagné par des amis fidèles, et vous, vous avez laissé partir Louis-Philippe seul, fuyant, déguisé, de chaumière en chaumière.

Vous, qui vous trouviez à la Chambre, dévoués conservateurs, le jour où une infortunée princesse et ses deux enfants s'y rendirent pour implorer votre appui, comment avez-vous souffert qu'elle en fût violemment arrachée, vous qui vouliez la régence, vous qui pouviez la proclamer, vous qui avez fait peser sur l'opposition votre majorité souvent si cruelle, vous qui avez eu des paroles contre les banquets, des adresses si partiales, vous qui l'imposâtes d'une manière si scandaleuse dans les affaires Pritchard, Petit et autres, qu'il serait trop long d'énumérer ici....

Comment n'avez-vous pas péri sur vos siéges, comme ces sénateurs romains sur leurs chaises curules, lors de l'invasion des Gaulois? Comment votre indigne président a-t-il pu déserter le poste de l'honneur, et n'a-t-il pas, comme Boissy-d'Anglas, résisté à la multitude?... Il fallait mourir à vos postes, pour une famille qui vous avait gorgés et d'honneurs et d'emplois. — Qu'est la vie achetée au prix de la lâcheté et de l'ingratitude?...

Mais ce *Peuple*, désigné ainsi par forme de dédain, comme autrefois on disait *roture*, a connu plus que vous les sentiments généreux. Il avait laissé partir Charles X sans l'inquiéter ; il laissa fuir Louis-Philippe sans y prendre garde. Il fit plus : il abolit la peine de mort en matière politique, et fournit même des vaisseaux aux princes et aux enfants de France, pour les transporter en Angleterre, dont le gouvernement, toujours si hospitalier pour les rois détrônés, fut si barbare et si déloyal en en 1815, envers celui qui aima sincèrement et ne déshonora jamais la France.

Ce n'était plus le temps où, irrité par toutes sortes de vexations, fatigué du joug odieux de la noblssse qui rivait ses fers, et d'une royauté trop faible pour vouloir, il n'épargnait dans sa furie, poussée à bout, ni la religion qu'il devait respecter, ni la vie d'un roi qu'il aurait dû arracher à l'échafaud pour sa propre gloire, et prenait part à ces saturnales de 93, à jamais exécrables. Mais, il faut le dire, au milieu de ces scèues d'horreur, il eut des dévouements sublimes.

Jetons un voile sur ces pages sanglantes, sur ces faits honteux de l'histoire, et disons-le, celui qui en avait été le témoin aurait dû en retirer un salutaire avertissement. Devait-il tomber sous le mépris public, et comme il l'a dit lui-même, emporter la royauté avec lui ? Où allait-il avec ce système de corruption qui gangrenait le corps social ? où allait-il avec ces effroyables dépenses, pour l'alimenter, qui conduisaient la France à la banqueroute ? Où allait-il avec cette paix à tout prix, qui nous conduisait plus tard à une guerre à outrance, et nous avilissait, en attendant, aux yeux de l'étranger ? N'avons-nous pas largement payé notre gloire à Mogador ? Ne l'avons-nous pas compromise en Orient ? Ne l'avons-nous pas souillée à Taïti ? Sous quel règne a-t-on vu autant de bassesses, autant de dilapidations ? La fortune et la gloire de la France n'étaient-elles pas indignement sacrifiées aux intérêts personnels d'un seul homme ? Et la moralité du pays, que devenait-elle ? Enrichissez-vous, avait dit un ministre ; et chacun songeait à s'enrichir par tous les moyens ; aussi, avons-nous eu les affaires Bénier et autres.

La démoralisation était partout, et l'espérance nulle part......

Je me trompe : un prince français, le duc de Joinville, souffrait de toutes ces turpitudes ; il aimait son pays. *Mon père se perd et nous perd avec lui,* disait-il à l'abbé Coquereau, son aumônier. Qu'il reçoive ce public hommage. Je le dois au malheur, je le dois à la vérité ; tout en étant sévère, je dois, je veux être juste.

J'en étais là, quand j'ai lu dans le journal une lettre de la princesse Clémentine à ce frère. *Mon père,* dit-elle, avait dit aux ministres : *Comment voulez-vous que cette main qui a serré hier la main de la sœur de Barbès, qui a été inondée de ses larmes, que cette main signe l'arrêt de mort de son frère.* Je ne puis m'empêcher de retracer ces belles paroles, regrettant que celui qui les a prononcées n'ait pas mieux compris ses devoirs envers la France.

Que n'avons-nous fait en 1830, ce que nous avons fait en 1848 ? Nous aurions gagné 17 années et épargné bien des millions. Nous aurions surtout moins eu de défections dans nos rangs ; mais il faut espérer que tous les partis, quels qu'ils soient, seront réunis bientôt sous la même bannière, sur laquelle seront inscrits les mots : *amour de la patrie et de l'humanité.*

Je conçois qu'en présence des idées communistes, les hommes qui possèdent ont pu craindre un moment qu'on ne vînt les dépouiller du fruit de leurs veilles et de leurs travaux ; mais ces appréhensions ne peuvent résister au plus simple examen.

Que voit-on? Des philosophes utopistes demander le partage des biens ; mais déjà leur bonne foi est suspecte. Il faudrait, pour être crus, qu'ils eussent quelque chose à porter à la famille. Jusque-là leur secte ne doit paraître qu'une duperie. Il est tout simple qu'il leur conviendrait de vivre sur le commun.

Et croyez-vous que cette réflexion si naturelle échappera au bon sens des masses? Elles pourraient tout au plus se laisser aller aux belles paroles d'un homme qui commencerait par livrer sa fortune, mais non au dire de celui qui demande celle des autres.

Le communisme est une idée absurde et immorale.

Absurde, parce que la propriété est divisée en France à l'infini ; que personne ne consentira à se dépouiller du fruit de ses labeurs, et qu'une guerre à outrance serait faite de toutes parts à une déprédation d'autant plus injuste, que la propriété est nécessaire aux travailleurs.

Immorale, en ce qu'elle ôterait l'ambition d'acquérir, tarirait la source de la prospérité publique, attaquerait la famille dans ce qu'elle a de plus sacré, en détruisant les liens qui la perpétuent, et que la France alors s'éteindrait dans le marasme et l'indifférence. Il n'y aurait plus de liberté.

Et qu'est la vie sans la propriété? Que serait la liberté

sans le pouvoir laissé au père de léguer à ses enfants? La fille de l'artisan peut (ce qui s'est déjà vu) devenir l'épouse d'un homme riche ; ses enfants ont le droit aujourd'hui de s'élever eux-mêmes, et au surplus il a l'espérance, qui est le soutien du malheureux et qui le conduit quelquefois à la fortune.

Ah ! repoussez, honnêtes ouvriers, cette secte impie qui vous convie à une déloyauté ; vous qui avez fusillé des voleurs au jour des barricades, le deviendriez-vous à votre tour? Ce que l'on vous propose est un brigandage et ne peut convenir à vos nobles cœurs. Vous conseiller de dépouiller le riche, c'est vous conseiller de tarir la source de votre travail, c'est d'ailleurs vous conseiller une injustice. N'est-ce pas lui qui vous procure le pain de chaque jour, lorsque souvent il se trompe et se ruine.

N'est-ce pas lui dont la bienfesance vous secourt dans la misère et dans la vieillesse? Vous croire capables d'accepter un pacte aussi honteux, c'est vous faire une mortelle injure. N'auriez-vous vaincu que pour souiller votre victoire, pour être de véritables spoliateurs? Seriez-vous assez ennemis de vous-mêmes, pour tarir la source de votre existence et de votre honneur? N'auriez-vous conquis la liberté que pour en faire une odieuse licence? Apprendriez-vous au monde que vous n'êtes pas des héros, mais des hommes dépravés? La révolution n'a pas été faite pour vous enrichir, mais pour vous honorer. On doit vous soulager, on le fera ; mais, vous, ne faites rien qui vous fasse descendre au-dessous de l'estime publique que vous avez méritée. Laissez périr sous le feu de la mitraille ceux qui veulent bouleverser la société. La République, c'est votre cause ; aidez-nous à la défendre.

Peuple de travailleurs, il vaut mieux pour toi devoir ton existence à tes labeurs, que la devoir à une infamie. La vertu est la richesse du pauvre et certains riches n'ont pas celle-là. J'en connais dont le père a volé la sienne à la bourse, en s'abritant sous la loi qui condamne le jeu. En voudriez-vous à ce prix?

Et, d'ailleurs, la richesse n'est pas un privilége, aujourd'hui moins que jamais. La route est ouverte à tout le monde, excepté à celui qui ne sait ou ne veut pas travailler. Que celui qui ne sait pas apprenne : il y aura des écoles ; que celui qui ne le veut pas, pâtisse ; il n'y a pas de pitié ni de providence pour les paresseux.

Mais l'ouvrier laborieux, avec du génie et du zèle, a toutes les chances de parvenir. N'est-ce pas des rangs de la classe ouvrière qu'est sortie la classe bourgeoise, en partie, sinon les fils, du moins les pères ou les aïeux? Que tout le monde soit fier d'être parvenu, mais que personne n'en rougisse. C'est une consolation pour celui qui ne possède pas, de savoir que d'autres n'ont pas toujours possédé. Il faut un stimulant partout, et surtout dans l'industrie ; elle doit tout à une généreuse rivalité. Moi, j'honore celui qui doit tout à son travail et à sa capacité : au moins cet homme peut être fier de ses œuvres. Et quel mérite a-t-il, celui qui tient sa fortune de ses parents? De naître, et voilà tout. Courage-donc ! ceux qui ont de la fortune l'ont quelquefois péniblement gagnée : les uns en s'expatriant, les autres en aventurant leur vie sur les mers ; chacun à sa manière, mais tous par de longs et pénibles labeurs. Quelquefois un jeune homme de bonne conduite, capable et laborieux, trouve une compagne belle et riche, car il se trouve des riches qui savent apprécier l'honnête garçon, et leurs filles en sont souvent plus heureuses ; et puis il est si naturel de partager avec celui qui le mérite, tout en assurant le bonheur de son enfant, une richesse loyalement acquise. Aujourd'hui ce sera un honneur. Et pourquoi le fils de l'ouvrier, que le sort aura favorisé, repousserait-il la main du fils de son ancien confrère ? Naguère le ministre J. Lafitte, le fils d'un charpentier, plus tard commis de M. Perregaux, ne devint-il pas enfin son gendre, et un des plus riches banquiers de l'Europe. Mais gloire à lui ! sa main fut toujours prête à serrer celle de l'honnête ouvrier et à soulager sa misère ou encourager son industrie. Il existe d'autres Lafitte, sinon aussi riches, mais peut-être aussi humains. Consolez-vous, vous trouverez des appuis, si vous en êtes dignes. Il n'y a plus aujourd'hui de priviléges que le travail et la capacité, et bientôt d'autre noblesse que la vertu. Allez, les hommes de cœur vous protégent ; la nation vous adopte ; votre mérite et votre probité vous sauveront.

On ne peut être fier de sa fortune que lorsqu'on la rend utile. L'avare qui garde son trésor, qui ne songe qu'à l'augmenter, est un parasite dans la société, surtout sous une révolution sociale. Il faut que les capitaux circulent et fonctionnent ; il faut que le riche donne des parcelles de ce qu'il a amassé, non par l'aumône, qui humilie l'ouvrier laborieux, mais par le travail qui l'élève. C'est le grain de blé qui produit vingt pour un, et quelquefois il est nécessaire qu'il secoure l'indigent, l'infirmité et la vieillesse. Qu'est la fortune, sans le bonheur de la répandre, de faire des heureux ?

Le capital doit s'associer au travail ; c'est la clef de

l'industrie et de la prospérité publique; mais il faut qu'il s'y associe largement et sans parcimonie. Voilà le secret du bonheur des sociétés. Alors, qu'importe la fortune au prolétaire si, comme ce ruisseau dont la source ne lui appartient pas, elle fertilise la campagne où le pauvre trouve sa subsistance.

Faites travailler, riches, tant que vous le pourrez : le superflu ne vous appartient pas; il faut qu'il passe à la classe ouvrière. Comment voulez-vous qu'elle vive, si vous ne l'occupez pas? Accumulerez-vous revenus sur revenus, pour doubler, tripler votre fortune ; mais c'est alors une monstruosité, car le pauvre attend de vous la vie. Ceux qui souffrent sont vos frères, et vous devez les secourir. Ayez l'orgueil de la bienfesance, comme celui de la richesse. Votre fortune peut passer, mais vos bonnes œuvres vous resteront toujours.

Je ne prétends ici que généraliser, car je connais de nombreuses exceptions ; mais je voudrais que l'exception devînt la règle. Je voudrais que le bonheur de celui qui possède fût de donner à celui qui ne possède pas; je voudrais la fraternité partout. Mais celui qui est infirmé, celui qui est déjà vieux, ne pouvant participer à l'association du capital, ce sont ceux-là que la société tout entière doit protéger.

Un jour, en entrant dans une église, je fus frappé de ces magnifiques paroles qui partaient d'une bouche divine, d'un orateur évangélique prêchant sur la charité. Il s'adressait aux dames riches qui assistaient à son sermon. *Donnez*, leur disait-il, *vos rivières de diamants, pour sécher des rivières de larmes* ; et aussitôt de nombreuses et abondantes aumônes furent faites. Et ce jour-là j'admirai l'éloquence. Oh quelle est belle ! quand elle porte l'homme à la charité, quand elle défend la cause du pauvre !

En Angleterre, tous les milords sont interessés dans les entreprises commerciales et industrielles ; de cette manière les capitaux circulent et le pauvre peut exister. Et comment sans cela ferait ce pays qui a une population immense ? En France, il faut qu'il en soit désormais ainsi. Il faut surtout que le commerce s'étende ; il faut qu'il ne soit plus le monopole d'une seule nation. Ce sont les débouchés qui résoudront mieux que les meilleurs économistes la question de l'organisation du travail, car vainement accumulerez-vous les produits dans les magasins , si vous ne leur trouvez un écoulement au dehors.

Il faut pour cela des traités de commerce qui nous mettent au rang des nations les plus favorisées ; il faut pour cela que le régime protecteur soit abaissé dans une certaine limite, afin que nos produits puissent pénétrer partout, tandis que jusqu'à présent ils sont limités à certaines contrées. Il est inutile et même souverainement injuste que la France donne un monopole à quelques industriels aux dépens des autres ; nous ne sommes plus au temps des faveurs et des priviléges.

L'agriculture souffre autant que l'industrie ; elle doit être encouragée. Un autre Villèle ne viendra pas insolemment nous dire : *Si vous ne vendez vos vins, il faut les boire.* Cela se conçoit de la part de celui qui, trônant dans le bel hôtel de la rue de Rivoli, n'avait nul souci de son existence.

Ces deux branches, ces deux sources de la prospérité publique, doivent appeler l'attention du Gouvernement

républicain. Nous ne vivons plus sous un régime personnel, où tout se réduisait à l'intérêt d'avoir une majorité,
unique et seule pensée du pouvoir déchu. Les nouveaux
ministres ne viendront plus désavouer, en face de la
France, des opinions qu'ils auront consignées dans leurs
écrits. Tout sera vrai, tont le monde concourra au bien
public.

Ouvriers, le Gouvernement vous a promis peut-être
plus qu'il ne peut tenir, sous le rapport de l'organisation
du travail, mais comme il est pénétré du desir de vous
être utile, il améliorera votre condition. Il ne faut pas
se bercer de vaines chimères. Il est des choses qui ne sont
que des utopies. Vouloir égaliser le salaire, c'est étouffer l'émulation, c'est arrêter l'industrie. Celui qui sait
travailler, doit plus gagner que celui qui ne le sait pas.
Celui qui est actif et laborieux, doit plus gagner que
celui qui n'est ni l'un ni l'autre. Cette égalité n'est
qu'une injustice.

Quant à l'augmentation des salaires, je ne puis déve-
lopper ma pensée à cet égard dans un aussi mince ouvrage; je n'en aurais même pas le talent; mais en deux
mots, je crois que c'est une affaire de famille à traiter
avec votre patron. Ce n'est pas du travail qu'il vous faut
pour un jour, mais toujours. S'il ne peut supporter la
concurrence, il fermera son atelier, et alors que devien-
drez-vous? Si vous épuisez tout d'un coup la source, vous
n'aurez plus d'eau pour le lendemain. Voilà ce que me
dit ma raison.

Les réformes que vous attendez ne peuvent être que
le fruit du temps et de l'expérience. On ne brusque rien
quand on veut arriver, parce que l'on fonde pour l'ave-

nir. Je ne suis certes interressé dans la question, que
sous le rapport de votre bien-être. C'est en homme qui
a connu les affaires que je vous parle à cœur ouvert. Celui qui vous dira autrement, vous trompe ; moi, je connais, je vous dis la vérité.

Il serait souverainement injuste, que l'industriel amas-
sât une immense fortune en vous payant un modique
salaire ; mais il le serait aussi, que pour vous payer un
plus fort salaire, il s'exposât à se ruiner. C'est donc
l'équilibre entre le gain du fabricant et le salaire de l'ouvrier, qu'il faut chercher. Cette question exige de graves
méditations.

Se tromper serait vous tromper vous-mêmes, car on ne
peut fonder sur l'impossible, et vous en seriez les premières victimes. Attendez donc avec confiance, le pays
doit et veut vous sauver. Laissez-le faire et retournez à
vos travaux, car votre impatience arrêterait les affaires,
et sans affaires où trouveriez-vous du travail ?

Ce qui presse, c'est de venir au secours de ceux d'entre
vous qui sont atteints par les infirmités ou la vieillesse.
Ceux-là ne peuvent pas travailler. Pour eux il y aura
une caisse de secours et une vie assurée. La vieille fem-
me et l'orphelin seront aussi adoptés par la Patrie. Il
n'y a aujourd'hui en France, dans toutes les classes, dans
toutes les opinions, qu'une seule pensée, et cette pensée
est humanitaire.

Rien ne durcit l'âme comme un Gouvernement personnel et corrupteur. L'égoïsme alors descend d'en haut et
se répand partout ; mais sous une Révolution sociale, le
cœur se dilate et donne place à toutes les idées généreuses.
Toutes ces questions qui se sont agitées ont éveillé de

vives sympathies. Tout le monde s'intéresse à votre bonheur. Votre cause est celle du plus grand nombre, et chez une nation qui se respecte et qui a de l'honneur, cette cause devient sacrée.

On cherchera à vous égarer, on l'a déjà fait. Sous prétexte de votre intérêt, des ambitieux voudront faire leurs affaires, comme les communistes voudraient faire leur fortune. Ils vous conseilleront peut-être la révolte... La révolte, ce serait un crime ; ce serait votre perte. Vous n'avez de salut que dans la République.

Sous le manteau d'un zèle exagéré pour vous, il y a bien des passions cachées ; on voudra vous prendre pour dupes : la défiance est la mère de la sûreté.

On vous a parlé d'égalité. Vous la voulez juste et raisonnable, vous la voulez devant la loi, mais non hors de la loi. Il n'y a pas d'égalité parmi vous ; il n'y en a pas dans la fortune ; il n'y en a pas dans la nature ; y en aurait-il dans la société ?

Tout le monde travaille ; les uns avec leurs bras, les autres avec leur tête : voilà l'égalité. Tout le monde vit, tout le monde souffre, dort, mange et meurt : voilà encore l'égalité ; de même qu'il y a des inégalités dans les salaires, il doit y en avoir dans les conditions. Le salaire de l'homme de peine ne peut être celui de l'homme de génie. Celui qui conçoit ne peut être l'égal de celui qui exécute, car celui qui exécute ne vit que par celui qui conçoit. De là celui qui, par sa capacité, gagne une fortune, acquiert un salaire proportionné à cette capacité ; comme celui qui fonctionne reçoit celui que mérite son travail. En un mot, il n'y a partout que travailleurs et salaires ; seulement la fortune constitue les uns et la paie journalière constitue les autres.

Si vous enviez la fortune, sachez du moins l'acquérir. Soldat, voulez-vous devenir général? soyez brave et apprenez à commander. En tout et partout, il faut savoir. Si vous ne savez pas, la faute n'en est pas à la société, mais à la Providence, puisque des ouvriers sont parvenus et que d'autres sont restés en arrière.

Croyez-vous que parmi les hommes de guerre, il n'y en a pas qui voudraient être des Napoléon? que dans les banquiers, il n'en est pas qui voudraient être des Rotschild? Sans doute, mais ils ne le peuvent pas et ils se résignent.

Arrière donc toute ambition déraisonnable, et ne pensons pas que la République ait pour principe *l'absurdité*, ce serait la rendre à jamais ridicule. Je puis et je vais vous prouver que votre lot n'est pas le plus faible dans celui de l'humanité.

Toute la vie se résume dans le bonheur.

Le bonheur, tout le monde le cherche et pas un ne le trouve. Questionnez, et vous verrez que personne n'est content de son sort.

Les uns le placent dans la richesse; ils deviennent riches, et ne sont pas heureux. Les autres le placent dans la grandeur: ils deviennent grands, et ne sont pas heureux.

Où est donc le bonheur?

Le bonheur est loin des passions humaines. Ce n'est pas sans danger qu'on recherche l'éclat. Le rentier tremble au moment d'une crise, et, sans se sauver, discrédite l'État; le commerçant expose sa fortune, son repos et son honneur quelquefois; le courtisan titré, briguant un regard du monarque, tombe avec lui, méprisé bien souvent. Tandis que sous l'humble chaume, la Providence a caché des douceurs loin de la satiété du riche.

Ne croyez pas que c'est sous les lambris dorés et au faîte de la puissance, qu'existe le bonheur. Un philosophe a dit, avec juste raison : *Ni l'or, ni la grandeur ne nous rendent heureux.* C'est qu'il avait vécu ; c'est qu'il connaissait le monde ; c'est qu'il avait vu de près ces idoles du vulgaire ; c'est qu'il savait de quelles passions elles sont empoisonnées. La crainte et l'ambition, ne sont-ce pas les tourments et des grands et des riches ? Aussi, ces puissants de la terre appellent-ils souvent en vain le sommeil sur leurs lits de plumes, tandis que vous, sur vos lits grossiers, après les fatigues de la journée, vous en goûtez un pur et réparateur. Avez-vous besoin de tout cela pour être pères, et recevoir et donner des caresses ? Vous faut-il de fortes dots pour marier vos filles ? Ne goûtent-elles pas toutes le bonheur d'être épouses, ce qui n'arrive pas toujours à celles des hommes à fortune, qui les sacrifient quelquefois à leur vanité ou à leur avarice ? Quant à vos fils, ils ont moins d'occasions de se dissiper et de se corrompre que dans les villes où la jeunesse, exposée à mille séductions, se laisse aller fort souvent à de folles dépenses et à de coupables entraînements, qui parfois ont fait rougir les parents de leur conduite, et dont quelques-uns auraient péri sur l'échafaud ou pourri dans les bagnes, si l'influence et la protection n'étaient venus les sauver de l'infamie ou de la mort. Vous n'avez pas, il est vrai, de ces pompeuses fêtes, où l'on s'entasse pêle-mêle au risque d'étouffer ; mais vous n'avez pas aussi ces lois gênantes de l'étiquette, cette politesse obligée qui conduit à la fausseté ; vous êtes libres au milieu de vos

champs, et savourez sous un beau ciel, après vos travaux, ces doux ombrages et ces clairs ruisseaux dont le
doux murmure charme l'oreille et calme les sens.

La fortune est souvent le fruit de la déloyauté et du
hasard, et je n'en reconnais, moi, l'avantage, que lorsqu'on s'en sert à favoriser l'industrie ou à soulager la
misère. Les riches ne sont que des parasties, lorsqu'ils
enfouissent leurs trésors, ou lorsque, dans la crainte de
les perdre, ils réalisent leurs rentes à perte et par égoïsme,
au risque de faire fléchir le crédit public. Je dois le dire,
il y a peu de ces riches-là, et l'antagonisme des capitaux
et du travail ne sera bientôt, il faut espérer, d'aucune
application dans notre société.

Le bonheur, selon moi, est dans le travail, la paix
de l'âme et la modération des désirs.

Le travail fait passer le temps, que les gens désœuvrés
trouvent bien long. La paix de l'âme charme vos loisirs ;
on respire à son aise ; on est content, quand on n'a rien
sur la conscience ; tandis qu'on est troublé quand il y
pèse *un grand remords*. Les bonnes actions sont des sou-
venirs agréables, et vous soulagent dans l'infortune.
Quant à la modération des désirs, elle apprend à l'homme
à se contenter de peu, à n'envier rien à personne, et à
ne pas vouloir le bien d'autrui ; de plus, un homme borné
dans ses désirs est inaccessible à la corruption. Ce n'était
pas ceux qu'il fallait au gouvernement de Louis-Philippe.

Voilà les préceptes que j'ai toujours donnés à mes enfants et à mes meilleurs amis ; ils sont le fruit d'une longue expérience, et m'ont beaucoup aidé à supporter une
adversité des plus cruelles.

Un autre, non moins essentiel, que je vous donne,

c'est de garder vos enfants auprès de vous, et de les élever dans votre état; il ne faut pas qu'une dangereuse vanité vous porte à les placer au-dessus. D'ailleurs, ceux
que vous lanceriez dans une brillante carrière, se senti-
raient-ils animés de ce feu sacré du génie? Il serait cruel
pour vous et pour eux de les voir s'éteindre à leur dé-
but, et quelques-uns peut-être rougir, en hommes mé-
diocres, de devoir le jour à celui qui tient le marteau ou
la charrue.

Mais s'il s'en trouve parmi eux que le génie entraîne,
laissez-leur accomplir leur glorieuse destinée. Il y a des
intelligences supérieures qui se révèlent chez le pauvre
bien plus que chez le riche; ceux-là ne sont plus à vous;
la science et le pays les réclament; ils appartiennent
peut-être à l'histoire et à l'immortalité.

Réjouissez-vous de votre état; en voudriez-vous un plus
noble? Mais ne l'est-il pas celui qui sert de base à la société, qui fournit aux besoins de l'industrie, du commerce et de l'État? Ne vous sentez-vous pas fiers de donner à tout la vie et les jouissances? Il est un peuple où
l'empereur conduit le premier la charrue. Il y eut des gé-
néraux romains qui labourèrent leurs champs. Chez tous
les peuples de l'antiquité, on célébrait des fêtes en l'honneur de l'agriculture. Ces temps vont revenir.

Ouvriers des villes et des campagnes, la société ré-
pare à votre égard l'injustice qu'elle a commise. Elle
vous a rendu d'abord vos droits politiques; elle vous ren-
dra tous ceux qui vous reviennent.

Mais pour ce qui est d'honorer votre état, elle ne peut
mieux faire que de créer partout des expositions et des
comices agricoles, où tous les produits de l'industrie et

de l'agriculture seront recueillis. Là, on donnera des prix à ceux qui auront surpassé les autres ; il y aura aussi des fêtes solennelles où s'établira un concours, et l'on verra briller sur la poitrine des vainqueurs des médailles d'honneur, qui feront dire : Voilà un travailleur et un honnête homme, comme on dit, en voyaut un soldat décoré : Voilà un brave.

Alors chacun voudra mériter une si noble récompense ; alors l'agriculture sera un honneur et les champs ne seront pas abandonnés ; on sera fier d'être laboureur. Les laboureurs seront les colonnes de l'Etat.

Ainsi travaillez et soyez vertueux. Aujourd'hui que vous êtes citoyens et électeurs, vous avez deux missions à remplir : l'une envers la société et l'autre envers votre patrie. La première vous la connaissez, la seconde pas tout à fait encore. Instruisez-vous donc : il y aura des écoles où vous apprendrez vos devoirs de citoyens : vous pourrez d'ailleurs les connaître par la presse. Vos enfants, assis au foyer domestique, vous mettront, par les journaux, au courant des affaires de la République. Vos cœurs seront réchauffés par ces beaux discours qui élèvent l'âme et lui donnent de nobles inspirations. Affranchis d'une ignoble ignorance aussi fatale à ceux qui gouvernent et à ceux qui vous emploient, qu'à vous-mêmes, vous ferez justice de ces absurdes préjugés qui placent l'ouvrier à une époque barbare, et tout le monde y gagnera. L'ignorance abrutit ; l'éducation élève l'âme. C'est la raison qui dirigera les hommes désormais. De cette manière, il sera plus facile de les conduire au bien et à la vertu. La République veut des cœurs purs et honnêtes.

Le travail ne sera pas seulement une chose utile, mais une

chose honorable. Il n'y aura de flétris que les paresseux
et les fripons. Vous comprendrez vos devoirs, mais aussi
vos services. Les capitaux, sans vous, pourraient-ils fonc-
tionner? Vous aurez le droit, sinon le pouvoir, d'acquérir, parce que ce pouvoir, qui constitue la capacité, ne
relève que de la Providence. Avec du génie, vous obtien-
drez des capitaux; avec des capitaux, vous pourrez vous
enrichir. Mais, vous l'avez vu, la fortune n'est pas le
bonheur, et si vous en êtes privés, vous n'avez ni le souci
de la perdre, ni l'ambition de l'augmenter. Votre position est sans doute tranquille et modeste; mais, sachez-
le bien, le plus heureux est le plus ignoré. Du reste, la
Providence a donné à tous des compensations.

Saluez, saluez cette révolution sociale que cette même
Providence vous envoie; mais que votre sagesse nous
prouve, en même temps, que vous la méritez. Déjà vos
frères de Paris qui l'ont accomplie gardent depuis deux
mois la capitale sans qu'aucun désordre sérieux soit sur-
venu. Un moment les communistes ont voulu paraître et
180,000 citoyens se sont levés pour les arrêter. Quelques
troubles, résultat naturel d'une grande secousse politique, pourront se faire sentir, mais ils seront aussitôt ré-
primés. La force est au gouvernement protégé par la raison publique et par le besoin que chacun a de l'ordre et
de la paix.

Vous avez vu l'imposant spectacle de 400,000 hommes, réunis au Champ-de-Mars pour fraterniser. Cette
solennité a eu lieu au milieu d'acclamations unanimes et
des cris mille fois répétés de Vive la République! L'assemblée Nationale est maintenant réunie et tout marche
vers l'accomplissement de tous vos vœux, vers l'accom-

plissement de cette œuvre sublime que **200,000** citoyens réunis aux représentants du pays, viennent de proclamer au milieu des chants, des cris et du bruit du canon des Invalides ; vous avez long-temps souffert, mais le jour de la justice est enfin venu ; il est venu pour achever votre délivrance.

Un demi-siècle s'est écoulé entre votre ancienne servitude et la Révolution du 24 Février. Pendant cette longue période, vous avez vainement réclamé vos droits et vous ne les aviez pas obtenus. Etait-ce assez pour vous de vous être affranchîs de la situation intolérable qui vons était faite avant 89 ? Etait-ce tout d'avoir brisé le joug de cette hautaine noblesse, qui vous tenait depuis nombre de siècles, soumis à la glèbe et aux corvées, pour retomber sous un autre joug plus avilissant peut-être, car la noblesse a des aïeux ?

Malheureusement la révolution de 89 fut exploitée au profit de la Bourgeoisie ; aussi a-t-elle recommencé. Pour qu'elle soit accomplie, il faut exécuter dans son entier le programme du Gouvernement provisoire. Il faut que les représentants de la nation ferment enfin d'une main assurée, par une constitution démocratique et sage, le gouffre trop souvent ouvert des révolutions.

Le Gouvernement déchu avait exclu la classe ouvrière. Tout était abandonné à l'intrigue et à la corruption. Toutes les places étaient envahies par des créatures plus ou moins indignes. Il ne fallait avoir qu'un titre, un seul titre pour parvenir : *se vendre au pouvoir*. L'abjection était complète. Bientôt l'administration n'aurait offert qu'une monstrueuse anomalie. Dejà des actes odieux s'étaient révélés, et la France avilie, allait reculer de plus d'un demi-siècle.

Associés maintenant à cette révolution qui fera le tour du monde, vous êtes assez riches de liberté, de patriotisme et d'honneur pour ne rien envier à personne. Le nom français, vénéré et respecté de tous les Peuples, comblera toutes les inégalilés.

Déjà vous avez accompli le premier de vos droits avec une sagesse et une modération qui vous rendent dignes de la liberté. Avec quelle émotion je vous voyais passer dans nos campagnes, drapeau et tambour en tête, vous rendant aux élections, sans proférer un cri, sans causer le moindre désordre. Et si vos frères de Paris, dans leurs accès d'enthousiasme, après la victoire, ont parcouru les rues en entonnant les hymncs patriotiques, il fallait bien laisser au Peuple tout bouillant encore de sa victoire, le temps de faire éclater sa joie. Mais ces moments d'ivresse sont passés, et l'œuvre de la République commence.

Eh bien! aura-t-on maintenant confiance en ce Peuple dont on a craint la furie, et qui cependant depuis deux mois garde et défend la propriété? N'est-ce pas plutôt son élévation que ses excès que l'on redoute? Mais cette élévation était une justice et ne s'est fait que trop attendre. Mirabeau a dit : » Les grands ne sont grands, que parce que nous sommes à genoux ; levons-nous ! » Et le Peuple s'est levé, comme en 89, mais cette fois-ci, pour la dernière!

N'était-il pas odieux, qu'après avoir arrosé les ateliers et la terre de ses sueurs, comme les champs de bataille de son sang, pour la prospérité et la gloire de la France, il fût privé de ses droits politiques? Était-il juste, après tant de sacrifices, de concentrer dans un petit cercle de privilégiés le bien-être et les jouissances de toute la société, comme si Dieu eût voulu qu'il y eût ici-bas des élus et des réprouvés ?

Et de quel droit imposerait-on des limites à celui qui est homme comme nous ? de quel droit le fils du pauvre ne pourrait-il pas un jour illustrer le nom de son père, et consoler sa vieillesse ? N'a-t-il pas un corps comme le nôtre, et ne peut-il dès-lors être admis aux mêmes avantages ? N'est-ce pas de ses rangs que sont sortis et les savants qui ont illustré la France, et les grands capitaines qui l'ont couverte de gloire ? N'est-ce pas grâce à son courage qu'elle est placée au rang des premières nations de l'Europe ? Sachez que dans la poitrine de l'artisan, sous le vêtement grossier du laboureur, il y a un cœur généreux et de ce sang qui fait les héros, les hommes d'honneur et de génie. Arrière donc ces préjugés menteurs qui depuis tant de siècles ont tendu à avilir l'œuvre de Dieu, à rabaisser sa créature.

Législateurs d'un grand Peuple, élargissez le cercle pour y recevoir cette classe nouvelle, longtemps répudiée, mais aujourd'hui, comme toujours, digne de la liberté. Est-ce qu'ils étaient nés esclaves ? est-ce que la Providence, dans sa colère, avait imprimé sur leurs nobles fronts le stigmate flétrissant de la servitude ? N'ont-ils pas versé leur sang pour renverser ces idoles élevées à l'avarice et à la corruption ? N'ont-ils pas jonché la terre de leurs cadavres pour sauver cette belle France, dont on avait vendu l'honneur ? Ne l'ont-ils pas arrêtée sur les bords de cette abîme qu'allaient creuser la banqueroute et l'anarchie ?

Gloire au Peuple ! mais gloire aussi à ce Pape immortel, le plus grand homme de son siècle, qui, placé comme un phare à la tête de la civilisation, a compris la reli-

gion par la liberté, et de sa voix puissante a convié les
peuples à leur délivrance. Au milieu des chants religieux
et patriotiques, ils se sont levés comme un seul homme ;
l'Italie d'abord, quand du haut de la tribune française
partaient ces mots : Courage, Saint Père ! courage ! Le
Vatican est aujourd'hui l'arsenal des révolutions sublimes, et le ministre de l'Être Suprême est devenu la providence de tous les opprimés. Inspirée par ce pontife ma-
gnanime, la France brise ses chaînes, et donne le signal
à l'Europe entière ; les rois sont renversés ou suppliants ;
tout marche, tout s'accomplit, au cri de la *Fraternité !*
Les monarques ont déposé les armes, et reconnu la volonté d'un Dieu.

O ma patrie ! de quelle splendeur ne brilles-tu pas !
Tu vas donc être heureuse et fière, et ton nom ne sera
plus avili !... Victime de la corruption (1), je veux ne son-
ger qu'à ta gloire, et tant que battra mon cœur, n'aimer
que la Liberté !

---

(1) Les mots : *victime de la corruption,* m'étant échappés, j'en
dois ici l'explication.

Le chemin de fer (rive gauche), n'était pas utile ; mais un homme
cupide, ami du ministre et député d'ailleurs, en obtint la concession,
parce que tout s'obtenait, alors, à l'aide de certains moyens.......
M. Teste était aux travaux publics.... c'est tout dire.

Ce ne fut pas toutefois sans une vive opposition, que le prêt de
cinq millions fut accordé. On se rappelle le véhément discours de
M. Lanjuinais tonnant contre cet infâme agiotage, dont parle l'ingé-
nieur Corréard dans un mémoire imprimé, et qui nous a été si fatal.

La Chambre hésita... mais il y avait un certain M. de Montron,
ami pensionné du roi, qui se chargea de lever les difficultés...

Cette scandaleuse affaire aurait pu n'atteindre que les bourses des
actionnaires trop crédules, mais malheureusement elle eut des résultats

bien affreux dont on a cru vainement effacer l'odieux souvenir en lavant les traces de sang imprimées sur la route de Bellevue, en balayant les débris de cadavres, en enterrant *clandestinement* ceux qui obstruaient le chemin.... le 8 mai 1842.

Et cependant il y avait un engagement entre sept actionnaires et le gouvernement qui protégeait la vie des voyageurs! Où sont passés les cinq millions destinés à réparer les machines?... L'autorité n'a pu l'ignorer, puisque je l'ai su...

Que sont devenus ces corps reconnaissables enlevés à leurs familles dans le but immoral de soustraire la compagnie à des réclamations, tandis qu'on ne montrait aux regards désolés des parents, qui venaient chercher quelqu'un des leurs, que des matières carbonisées et hideuses, en répondant à ceux qui ne trouvaient pas ce qu'on avait caché : *Mort dans les flammes?*

En Russie, il y eut dans le temps un semblable désastre : l'empereur ordonna aussi d'enterrer.... Mais la France devait-elle imiter le plus révoltant despotisme.

Je m'arrête là : j'aurais trop à dire.

J'étouffe, quand je me rappelle ces paroles d'un préfet de police : *l'on ne vous a pas rendu justice parce que vous avez attaqué l'autorité;* —ou bien ces insinuations insultantes : *de père égaré par sa douleur,* parce que j'avais déchiré le voile qui cachait une monstruosité; — ou bien, cet arrêt de non-lieu donnant à entendre (pour sauver l'honneur du pouvoir) que j'avais *suborné* les témoins qui étaient venus devant la justice, me porter les derniers adieux de mon fils;— ou bien, des magistrats *me condamnant aux dépens* dans une affaire où j'avais versé mon sang, celui de mes fils, et mes dernières ressources.

Ah! le général Cubières avait bien raison de dire, que le pouvoir était *entre des mains avides et corrompues.* Je le savais, et je disais, depuis long-temps, qu'un pareil gouvernement ne pouvait convenir à des hommes d'honneur...

Lorsque les droits sacrés de la justice et de l'humanité sont impitoyablement foulés aux pieds pour acquérir ou ménager des créatures, tout est perdu.

FIN.